ERNEST VOIS & GASTON HABREKORN

LE CRIME de Mr Champagne

DRAME EN UN ACTE

Représenté
pour la première fois à Paris le 1er décembre 1898
au Théâtre du Divan Japonais

Prix net : UN franc

PARIS
GEORGES ONDET, EDITEUR
83, faubourg Saint-Denis, 83

1899

ERNEST VOIS & GASTON HABREKORN

LE CRIME de Mr Champagne

DRAME EN UN ACTE

—×—

Représenté
pour la première fois à Paris le 1er décembre 1898
au Théâtre du Divan Japonais

Prix net : UN franc

PARIS
GEORGES ONDET, EDITEUR
83, faubourg Saint-Denis, 83

1899

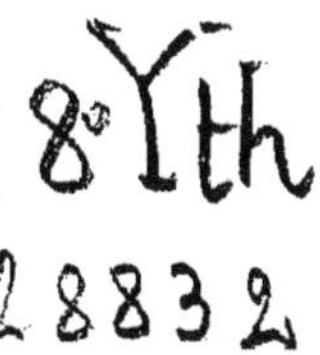

Personnages

M. CHAMPAGNE	MM. SÉVERIN-MARS.
LE COMMISSAIRE DE POLICE. . . .	GEORGES LÉMIT.
UN DOCTEUR	RAYMO.
UN VOISIN	BERTIER.
LAURETTE	Mlles CLAUDIA D'OLNEY.
JUSTINE	DEVALLY.
CLARISSE.	JANE DHORNY.
M'AME ROBIQUET, la concierge . . .	MAGDE NOLIA.

Agents, voisines, etc.

Conforme au Visa de la Censure.

LE CRIME DE MR CHAMPAGNE

Quartier Bréda, une chambre à coucher, à gauche en angle une porte, au fond un lit avec rideaux (autant que possible dans une alcove), à gauche premier plan un canapé, à droite une table servie, deux chaises, nappe, deux couverts, deux bouteilles de champagne, toujours à droite une cheminée, deux chandeliers avec bougies, en angle une armoire ou petit meuble servant de buffet et desserte, devant la tête du lit deux chaises, au pied du lit une chaise sur laquelle est étendue une robe de chambre.

SCÈNE Ire

Laurette, M'ame Robiquet

(*Laurette est en train de mettre le couvert.*)

LA CONCIERGE, *entrant*

Madame Laurette, v'là les sardines et la choucroute.

LAURETTE

Ah ! très bien m'ame Robiquet, mettez-ça là.

LA CONCIERGE

Alors, il soupe avec vous Monsieur... comment est-ce que vous l'appelez donc ?...

LAURETTE

Monsieur Champagne.

LA CONCIERGE, *s'asseyant près de la cheminée.*

Mais c'est pas un nom d'homme, çà, c'est un nom de vin.

LAURETTE, *transvasant le vin d'une bouteille de champagne dans une carafe*

C'est moi qui l'ai appelé comme çà, parce qu'il en fabrique, donc...

LA CONCIERGE

Il fabrique de quoi ?

LAURETTE

Mais du vin, du vin de champagne... Dieu que vous êtes bouchée ma pauvre M'ame Robiquet.

LA CONCIERGE

Alors, c'est pas son nom ?

LAURETTE

Probable.

LA CONCIERGE

Alors, comment il s'appelle ?

LAURETTE

Ma foi, je ne sais pas...

LA CONCIERGE

Vous savez pas comment il s'appelle ?

LAURETTE, *riant*

Non.

LA CONCIERGE

Oh ! quelle horreur, d'abord moi je voudrais jamais dormir avec un homme que je saurais pas comment qui s'appelle.,. Et pourquoi que vous savez pas comment qui s'appelle ?

LAURETTE, *elle s'assied*

Il a jamais voulu me le dire... Vous entendez, jamais.

LA CONCIERGE

Les hommes, d'abord, quand ça fait des polissonneries, ça dit jamais son nom. Enfin pourvu qu'il casque !

LAURETTE

Ah ! ça, y casque ! et puis il est très gentil... Quand il est poivre, il est un peu brutal, comme ça .. Mais bah, quand il me lance une torgnole, je lui en lance une autre, ça fait la rue Michel.... Après on se raccommode...

LA CONCIERGE

Ce que vous en faites un foin, quelquefois, tous les deux,c'est pas Dieu possible...

LAURETTE

Quand on est jeune, il faut rigoler. Voilà !

LA CONCIERGE

Jeune, parlez pour vous... Lui il est plutôt mûr. Il est déjà tout gris.

LAURETTE

Parce qu'il a beaucoup nocé ! Mais avec ses cinquante ans, il est solide comme un roc, et gai et prévenant... C'est un brave homme, un brave homme qui se saoûle,et qui fait la noce,voilà ! Il s'embête avec sa femme, ce pauvre bougre... Vous savez pas comment elle s'appelle, sa femme ?

LA CONCIERGE

Non ?

LAURETTE

Virginie.

LA CONCIERGE

Oh ! là là, Verginie !... Mon mari aurait jamais voulu... rigoler avec une femme qui se serait appelé Verginie. Oh ! là ! là ! Verginie.

(*Elles rient.*)

LA CONCIERGE

Enfin, c'est un beau chopin.

LAURETTE

Epatant, je vous dis.

LA CONCIERGE

Je connais quelqu'un qui vous porte pas dans son cœur à cause de ça...

LAURETTE

Je m'en fiche !

(*On frappe.*)

SCÈNE II

Laurette, Clarisse, Justine

LAURETTE

Qu'est-ce que c'est que ça ?... (*A M'ame Robiquet.*) Vous dérangez pas, la clef est sur la porte... Entrez !

(*Entrent Justine et Clarisse, à leur entrée Laurette se lève et esquisse un bonsoir tout en continuant de servir la table.*)

CLARISSE

Bonsoir ! On vient des Folies-Bergère.

JUSTINE

On a rien fait.

CLARISSE

Il n'y a plus que des mufles, à Paris.

JUSTINE, *allant s'asseoir sur le canapé*

C'est-y pas dégoûtant de rentrer bredouille !

CLARISSE

Des femmes ficelées comme nous !...

JUSTINE

On a du linge.

CLARISSE

Et de l'abattage.

JUSTINE

On sait plaire à ces Messieurs...

CLARISSE

Et on se tape.

JUSTINE

C'est à dégoûter du métier.

LA CONCIERGE, *haussant les épaules*

C'est à dégoûter d'être honnête. (*En s'en allant.*) Bonsoir, Mam'selle Laurette.

LAURETTE, *s'asseyant près de la table*

Bonsoir, M'ame Robiquet.

CLARISSE, *regardant Laurette*

Tu te fiches de ça, toi, t'es dans tes bois !...

JUSTINE

Elle a toutes les veines, cette vadrouille-là !...

LAURETTE

Dites donc, est-ce que vous êtes venues pour me bêcher ?...

JUSTINE

Dame, tu crois que c'est agréable de voir qu'on trime comme une malheureuse et qu'il faut toujours courir après une thune...

CLARISSE

Quand il y en a qui se la coulent douce !

JUSTINE

Qui mettent la main sur de bons chopins qu'elles ont soufflés aux camarades.

LAURETTE

C'est pour moi que tu dis ça ?...

JUSTINE

Je t'écoute !... ton père Champagne. . je crois que tu me l'as soufflé, celui-là !... Il y a trois mois, quand tu l'as ramené pour la première fois, il était à mon bras... ça mordait, et puis, t'es arrivée !... t'as fait ta sucrée !...

LAURETTE

Faut croire que je lui plaisais plus que toi !...

JUSTINE

Si t'avais pas raconté un tas d'histoires...

LAURETTE

Moi ?...

JUSTINE

Oui, toi !... Ah ! t'as été rien rosse, ce soir-là !

LAURETTE

Imbécile !...

CLARISSE

Vous savez, je vas me coucher, moi !... je n'aime pas les disputes... Bonsoir.

LAURETTE

Je ne dis rien, moi, c'est elle qui m'embête !.. je n'ai pas été vous chercher. Vous arrivez là toutes les deux comme des sauterelles !... Je suis tranquille chez moi, allez donc vous coucher, chacun chez soi.

CLARISSE

Ah ! c'est que c'est vraiment pas juste qne le travail soit toujours pour les mêmes...

JUSTINE

Et qu'il y en ait sur le pavé, quand il y en a d'autres qui se pavanent dans leurs meubles... comme des sultanes, à faire leur poire...

LAURETTE

Voulez-vous me fiche la paix...

CLARISSE

Oui, moi, je m'en vais. Mais je voulais te dire ce que j'avais sur le cœur !... Si jamais je le rencontre ton père Champagne... je lui dirai mon opinion sur toi...

LAURETTE

Eh ! bien, avise-toi de lui parler...

CLARISSE

Je me gênerai !... Oui !... (*Près de la porte.*) Adieu vadrouille.

LAURETTE, *se levant*

Allons, fichez-moi le camp !...

(*Clarisse sort et Justine reste assise sur le canapé.*)

SCÈNE III

Laurette, Justine

LAURETTE, *très sèche*

Ma petite, il est bientôt minuit.

JUSTINE

Eh bien, qu'est-ce que ça peut me faire.

LAURETTE

Moi, ça me fait quelque chose.

JUSTINE

Ah ! Oui, c'est vrai, c'est le jour de M. Champagne.

LAURETTE

Parfaitement, c'est le jour de M. Champagne.

JUSTINE

J'espère que tu lui en mets, un couvert ! Y en a des flaflas, et du champagne. C'est lui qui te l'envoie ?

LAURETTE, *rangeant le couvert*

Un panier toutes les semaines.

JUSTINE

Tu ne m'invites pas ce soir ?

LAURETTE

Non.

JUSTINE

T'es pas chic, tu sais, tu me dois bien ça pourtant.

LAURETTE

Fiche-moi la paix, je ne te dois rien du tout. Tu vas pas recommencer tes blagues, Tu sais, ça n'irait pas. Je suis bonne fille, mais faut pas appuyer sur la chanterelle.

JUSTINE

Oh! là là ! Si on ne peut rien te dire...

LAURETTE

On ne peut rien me dire !

JUSTINE

Oh ! et puis tu sais, tu ne m'épates pas. Tu as beau monter sur tes grands chevaux, tu vois l'effet que ça me fait. On ne me fait pas peur facilement à moi, tu sais ; je suis franche comme l'or, ma vieille, quand j'ai quelque chose sur le cœur, allez, v'lan ! il faut que je le crache. Ça m'étouffe.

LAURETTE

Quand tu auras des bêtises comme ça à cracher, tu pourras les ravaler, ça pourrait te causer des désagréments.

JUSTINE

Quels désagréments ?

LAURETTE

Enfin, je m'entends !

JUSTINE

Veux-tu que je te dise : tu me fais tordre !

LAURETTE, *qui s'encolère*

Je te fais tordre.

JUSTINE

Un peu.

LAURETTE

Tu te moques de moi, alors.

JUSTINE

Tu parles !

LAURETTE

T'y fie pas, Justine. T'y fie pas, tu pourrais te tromper.

JUSTINE, *très calme*

Voyez effet.

LAURETTE, *frappant un coup sur la table*

Il est minuit moins vingt.

JUSTINE

Ça m'est égal.

LAURETTE

Eh bien moi, ça ne m'est pas égal, suis-je ici chez moi, oui ou non ?

JUSTINE

Oui, tu as l'appartement que M. Champagne t'a donné, c'est-à-dire celui que je devrais avoir, moi, Justine.

LAURETTE

Ah ! non ça va recommencer, t'es saoûle alors ce soir, toi. T'es saoûle ou folle.

JUSTINE

Ah ! ma pauvre vieille, ce que t'as une tête quand tu te mets en colère, non, c'est un rêve. Ne sois pas dans ces états-là devant le vieux, il te plaquerait tout de suite.

LAURETTE

J'ai pas besoin de tes conseils, je sais aussi bien que toi ce que j'ai à faire, et puis, s'il me plaque, ce ne sera pas pour aller avec toi. Tu es trop laide !

JUSTINE

Trop laide ! mais ma pauvre fille, tu ne t'es pas regardée. Oh ! là là ! Si tu te crois belle, t'as tort ; avec ta bouche en four à plâtre.

LAURETTE

Oh ! parlons-en de ma bouche... et la tienne donc, c'est pas une bouche, ça, c'est une crapaudière.

JUSTINE

Possible Mais moi au moins, si je ne suis pas belle je suis propre, moi

LAURETTE

Je ne suis pas propre, moi !

JUSTINE

Si ! comme un torchon sale.

LAURETTE, *folle de rage*

Fiche-moi le camp.

JUSTINE

Non.

LAURETTE

Fiche-moi le camp !

JUSTINE

Zut !

LAURETTE

Ah! là là, il y a de quoi devenir enragée.(*Elle s'assied, et comme s'arrachant les cheveux.*)

JUSTINE

Je veux voir Monsieur Champagne, moi.

LAURETTE

Tu ne le verras pas.

JUSTINE

Je le trouve chic Monsieur Champagne, moi

LAURETTE

Tu ne veux pas sortir ?

JUSTINE

Je l'aime, moi, Monsieur Champagne.

LAURETTE

Justine, ça va se gâter.

JUSTINE, *très calme, les dents serrées*

Je l'aurai Monsieur Champagne, moi.

LAURETTE

Tu l'auras ? Ah ! Tu peux attendre longtemps !

JUSTINE

Il m'a dit que j'étais gentille, Monsieur Champagne.

LAURETTE

C'est pas vrai.

JUSTINE

Je te le soufflerai, moi, Monsieur Champagne.

LAURETTE

Je t'aurai la peau avant.

JUSTINE

Tu en cuiras à petit feu ! ma belle fille !

LAURETTE, *au comble de l'exaspération*

Justine, si tu ne t'en vas pas, je vais te sortir.

JUSTINE

Avant huit jours, il sera avec moi, Monsieur Champagne.

LAURETTE

Tiens, v'là pour toi ! (*Elle lui donne une gifle.*)

JUSTINE

Ah ! garce !

(*Les deux femmes s'empoignent, luttent avec des cris sourds, Laurette est la plus forte, Justine la mord.*)

LAURETTE, *criant de douleur*

Aïe ! Aïe ! Ah ! tu me mords, toi.

(*Elle empoigne Justine à la gorge, et cherche à l'étrangler, Justine devient violette, râle. Elles arrivent au pied de la table en s'injuriant. Justine au moment où elle va succomber prend un couteau sur la table et le plonge dans le ventre de Laurette. Laurette pousse un cri étouffé, fait quelques pas en se tenant le ventre, puis tombe, près de l'alcôve. Justine à demi étranglée, reste stupéfaite d'horreur et d'épouvante. Elle va vers Laurette qui hoquète en bégayant.*) Ah ! sale rosse ! sale rosse ! tu m'as blessée, tu m'as... tu m'as .. tu... (*Elle a un haut le corps puis elle reste raide.*)

JUSTINE

Ah ! bon Dieu je l'ai tuée !... Ah ! mon Dieu... Je suis perdue... Qu'est-ce que je pourrais bien faire... Et le vieux qui va venir... Y a de quoi devenir folle... Voyons si je perds la tête, je suis prise... D'abord, il faut porter celle-là dans son lit. Et puis, j'attendrai que le vieux arrive, je me mettrai derrière la porte, quand il sera rentré, je sortirai doucement, et puis je fermerai la porte à clef.. C'est ça... (*Laurette est comme morte, Justine la prend à bras-le-corps et la traine jusqu'au lit.*) Ah ! qu'elle est lourde... Comme ça, on croira que c'est le vieux qui l'a tuée... Ah ! mon Dieu qu'elle est lourde !... (*Elle la traîne. On entend chanter dans l'escalier « Malborough s'en va-t-en-guerre ». Pendant que la voix monte dans l'escalier, Justine se hâte, elle est arrivée au lit.*) Je suis brisée ! Il le faut cependant. Il le faut où c'est le bagne. Ah ! le bagne ! Non, pas ça. (*Elle fait un suprême effort et parvient à coucher la morte dans le lit.*) Ah ! ça y est. (*La voix devient très proche.*) Vite les couvertures, cachons-là...pour qu'il ne s'en aperçoive pas tout de suite... Là, les rideaux... (*Elle ferme les rideaux. La voix est derrière la porte.*) Ah ! la lampe. (*Elle éteint et s'efface derrière la porte. Obscurité complète.* Dieu que j'ai peur. (*La porte s'ouvre et Monsieur Champagne entre un peu gris déjà.*)

SCÈNE IV

Champagne, *seul*

CHAMPAGNE

Oh ! là, la, c'est pas gai ici. C'est effrayant ce qu'il fait noir ici... Oh ! là là... Où est-elle donc la gosse, Laurette ! Laurette

Elle est peut-être descendue pour acheter quelque chose... (*Justine pendant qu'il est entré, tâtonnant, est passée derrière lui, ramène la porte à elle, puis la ferme. Monsieur Champagne se retourne au bruit.*) Qu'est-ce que c'est ça ! Ah ! c'est le vent ?... C'est étonnant ce qu'il y a de courant d'air ici... Oh ! et puis ce soir, il fait un vent à décorner tous les cocus de la Capitale... (*Il rit.*) Ça m'est égal de dire ça, moi... je suis pas d'ici... Ah ! Paris, quelle ville... il n'y a que là qu'on peut rigoler... Où sont donc passées mes allumettes. (*il se fouille en chantant Malborough.*) Je crois que si je venais pas à Paris tous les mois me soulographier un peu, sans entendre piailler ma noble femme Virginie,.. Mais nom d'un chien, je ne trouve pas mes allumettes... Eh ! bien, je crois que je tomberais malade... Très joli de fabriquer du champagne à Reims, mais à la longue, c'est pas drôle... Je parie que j'ai laissé mes allumettes sur la table du café, sacré bon sens... Il faut que j'en trouve, y a pas à dire... Oh ! là, là, ce que j'ai la gueule de bois... Ça fait trois jours que j'ai la gueule de bois. (*Il renverse une chaise.*) Oh ! là... Bah ! un peu de champagne, ca me fera passer ça... Ah ! (*Il chante Malborough. Il se heurte dans une chaise.*) Oh ! oh ! où suis-je ici... (*Il fait tomber une assiette par terre.*) V'lan... Oh ! si je me mets à casser la vaisselle, alors ça va être drôle. Ce que la petite va crier, c'est un rêve... elle est bien gentille, mais elle crie... Je n'aime bien que les femmes qui crient, moi d'abord, c'est bien simple. (*Il rit.*) Je trouve ça drôle moi... Dieu que c'est bête un homme à moitié saoûl... Bientôt, je le serait tout à fait, c'est une consolation... Oh ! là là ! Si Virginie, si ma noble femme me voyait... Quel grabuge, mes empereurs !. . Je suis un farceur tout de même... il y a pas...Ah ! voilà la boîte...Non, c'est de la moutarde .. Oh ! j'en sue, moi... oui je suis un farceur... A cinquante ans passés, faire la noce comme ça... sans que personne le sache, c'est dégoûtant tout de même... Je deviens vertueux moi. C'est curieux comme dans l'obcurité, mes facultés s'affaiblissent... (*Il chante.*) Malborough... Ah ! zut pour Malborough. C'est idiot quand je suis gris, il faut que je chante

Malborough, moi, on prend des habitudes comme ça quand on est petit et puis il n'y a plus moyen de s'en défaire. (*Il se dirige vers la cheminée, il tâte.*) Ah ! enfin voilà des allumettes .. (*Il rit.*) Les petites allumettes... les petites allumettes. (*Il a frotté et allumé une bougie sur la cheminée, il prend le chandelier et le met sur la table.*) Ah ! mais le couvert est mis... Ah ! cette chère Laurette elle a mis le couvert à son vieux Champagne... Je ne regrette pas l'argent que je lui donne, parce qu'elle en fait un bon usage.. et puis je crois qu'elle ne me trompe pas... non... j'aime à croire qu'elle ne me trompe pas... (*Il pose son chapeau.*) J'ai une de ces soifs dont on se rappelle avant de mourir... (*Il se verse un verre de champagne.*) Il n'y a pas à dire, je suis un des premiers fabricants de champagne de Reims, on a beau être gris, ça ne vous enlève pas vos qualités... Elle doit être chez une voisine la petite, si je l'appelais... Oh ! non elle ne vas pas tarder, d'ailleurs je lui avais dit que je serais là à minuit, il est moins dix .. (*Il boit.*) J'ai le sang à la tête. Et puis, ma foi, je vais mettre ma robe de chambre, voilà ! Moi, j'aime mes aises... Où est-elle ma robe de chambre ? Ah ! la voilà... Là... Ah ! ma petite Laurette, on va bien s'amuser. (*Après avoir retiré son pardessus, il passe sa robe de chambre.*) Ah ! bon Dieu, et mes pantoufles, moi, j'oubliais mes pantoufles, les petites pantoufles que Laurette m'a brodées... Où sont-elles ? (*Il se met à quatre pattes pour chercher sous le canapé.*) Ah ! je sais, elles sont sous le lit. (*Il ne peut plus se relever. Il rit. Il chancelle.*) Allons, de la dignité ! (*Il s'en va vers le lit, ouvre les rideaux de l'alcôve et reste pétrifié en apercevant Laurette.*) Mais elle est là !!! (*Il se met à rire.*) Ah ! ça c'est drôle... Elle dort... Je parie que si je racontais ça au cercle à Reims, on ne me croirait pas... Elle s'est fourrée la couverture jusqu'aux yeux... Faut-il la réveiller ou faut-il pas ? Il faut... Oui... et puis je pars demain, je veux rigoler, moi... Ça n'est pas avec Virginie que je me rattraperai. (*Il rit.*) Voyons, il faudrait la réveiller sans en avoir l'air, comme ça, discrètement... Je ne vois que ses cheveux... Ils sont rudement jolis ses cheveux... C'est ça qui me l'a fait remarquer... Je vais lui souffler délicatement sur la tête... Ça lui fera de l'air... ce sera très drôle... et puis, ça la réveillera. (*Il souffle sur les cheveux et sur le front de Laurette. Riant.*) Ah ! ouah ! (*Il se met à chanter Molborough très fort.*) Jamais je n'ai vu une femme dormir tant que ça... jamais !... Elle me fait peut-être une farce... Attends, ma petite, tu fais une farce à ton vieux Champagne. Attends un peu, on va rire... (*Il se cache un peu derrière le rideau et se met à la chatouiller.*) Ah ! la coquine... Ah ! la farceuse... Ah ! la vadrouille... (*Il pouffe de rire.*) Attends, tiens, je vais t'embrasser. (*Il se penche, il embrasse Laurette, mais il se relève brusquement.*) Mais elle est froide... Voyons, qu'est-ce que c'est que ça... Je ne suis pourtant pas saoûl à ce point-là, moi, et je ne dors pas... Mais oui, elle est froide. (*Il lui passe la main sur le front et sur la poitrine.*) Ah ! ça, mais son cœur ne bat plus...(*Il retire sa main tâchée de sang.*) Mais, c'estdu sang, ça, du sang... Ah ! bon Dieu ! Il est arrivé un malheur ici !... Ah ! me voilà dégrisé, moi ! (*Il est tout tremblant.*) Sacré bon Dieu de noceur ! tu ne vois pas qu'on y a fait du mal à cette petite... (*Il s'approche du lit.*) Oh ! c'est un coup de couteau... pauvre gosse, va... Je ne peux pas rester comme ça, moi, pourtant... Je vais appeler... peut-être qu'on pourrait encore... Ah ! pauvre petite, va. (*Il va à la porte, il essaie de l'ouvrir.*) Qu'est-ce qu'elle a donc cette sale porte. (*Il la secoue.*) Mais... mais... elle est fermée à clef !... à clef !!. . Mais je ne comprends pas... Je ne l'ai pas fermée, moi, cette porte... moi... je ne l'ai pas fermée... alors... Je ne comprends plus... Je commence à avoir peur, moi... J'entends monter... on parle... Ah ! enfin, ça me soulage.

(*On frappe violemment à la porte.*)

SCÈNE V

Monsieur Champagne, Le commissaire, Le médecin, La concierge, Des agents, Justine

(*On entend la voix de plusieurs personnes derrière la porte.*)

LA VOIX DE LA CONCIERGE

Mademoiselle Laurette ? Mais, ouvrez donc. Qu'y a-t-il ? (*Elle frappe à coups redoublés.*) Ouvrez donc !... Mademoiselle Justine qui était avec vous il y a une demi-heure, vient de nous dire qu'elle vous a entendu gémir.

CHAMPAGNE

Je ne peux pas ouvrir.

LA CONCIERGE, *frappant toujours*

Parlez, répondez, Mademoiselle Laurette ! Vous me faites peur. Ouvrez. (*Elle frappe.*)

CHAMPAGNE

Mais je vous dis que je ne peux pas... Vous frappez en même temps que je parle vous ne pouvez pas entendre ce que je dis...

LA CONCIERGE, *qui s'affole derrière la porte*

Ouvrez ! ou je vais chercher la police.

CHAMPAGNE, *reculant, hébété*

La police.

LA CONCIERGE, *dehors*

Oh ! j'ai vu par le trou de la serrure. Il n'y a que le vieux, il a les mains pleines de sang .. Il s'est passé quelque chose. Allons chercher le commissaire.

(*On parle derrière la porte Champagne essaie en vain de se faire entendre.*)

LA CONCIERGE, *derrière la porte*

Assassin !

CHAMPAGNE, *bégayant*

Assassin !... Elle a dit assassin... Ah ! ça, mais... mais... Qu'est-ce qu'il va arriver. Ah ! j'ai les mains pleines de sang. Pouah ! Ah ! ça m'affole... Il faut que je lave ça... que je fasse disparaître ça... Assassin !... Ah ! (*Il va à la table, met de l'eau sur une serviette avec la carafe et se frotte les mains en proie à une grande surexcitation. Il prononce de vagues paroles.*) Mais c'est terrible... Et... Ah !... moi... Ils sont fous... Je suis dans une maison de fous... ici... ce sang qui ne part pas. . pas... la police... (*Il s'affole, s'énerve, se frotte les mains avec rage, il jure.*) Nom d'un chien... Ah ! bon Dieu... si c'est permis... (*Il a des gestes dont il n'est pas le maître, visiblement il s'épouvante, dans un mouvement il fait tomber la bougie qui s'éteint. Obscurité, il demeure anéanti, hagard.*) Ah ! mais, il y a de quoi devenir fou ici... fou ! Je n'ai plus bien mes idées... Ah ! voir clair... de la lumière, de la lumière ! Au secours... au secours... A moi, à moi, au secours ! J'ai peur ! .. j'ai peur... on monte dans l'escalier... C'est terrible... c'est terrible... Seul dans l'obscurité ! La bougie où est-elle ? (*Il tâtonne et titube.*) J'entends des voix d'hommes et de femmes... Qu'est-ce qu'ils disent... le vieux... le vieux... Quoi le vieux .. C'est moi le vieux... Qu'est-ce qu'il a fait le vieux... C'est un honnête homme le vieux... Ah ! mais... Ah ! mais... Ah ! mon Dieu... je suis... je suis fichu... moi. (*Il tombe assis sur une chaise. A la porte on frappe fortement trois coups séparés, à chaque coup Champagne fait un geste d'épouvante.*

LA VOIX DU COMMISSAIRE

Au nom de la loi, ouvrez !

CHAMPAGNE, *se levant*

La loi... Les voilà, ils sont tous là... Mais je ne peux pas ouvrir... la clef... la clef...

LE COMMISSAIRE

Au nom de la loi, ouvrez !...

CHAMPAGNE, *suffoquant, essaie de parler, sa voix s'arrête, il n'arrive qu'à articuler des sons étouffés*

Peux pas... la clef... la...

LE COMMISSAIRE

Ouvrez, ou je fais enfoncer la porte.

(*Champagne, anéanti, s'est reculé éperdu.*)

LE COMMISSAIRE

Enfoncez la porte !

(*On crochète la serrure, la porte cède, les agents entrent. Le commissaire de police; un médecin, le serrurier, la concierge portant une lampe allumée, voisins, voisines, lumière.*)

LA CONCIERGE, *qui est allée vers le lit*

Ah ! la pauvre petite.

LE MÉDECIN, *allant vers la morte, penche son oreille vers le cœur, après lui avoir pris la main*

La femme est morte.

UNE VOISINE, *désignant Champagne*

Mais oui ! je le reconnais... c'est son vieux.

LE COMMISSAIRE, *à M. Champagne*

Que faites-vous là ?

CHAMPAGNE, *toujours hébété*

Moi... Mais... moi... j'étais le vieil ami de cette pauvre petite. Je vais vous dire... J'étais un peu affolé, moi... Je suis tellement impressionné... la porte fermée... vous comprenez... la clef, la bougie... ce sang...

LE COMMISSAIRE

Allons ! Allons ! ne jouez pas la comédie... C'est vous qui avez tué cette femme.

CHAMPAGNE

Ah ! ça, c'est pas vrai... Sur la tête de ma pauvre femme, de mes enfants... il y en a un qui est soldat... Je ne voudrais pas qu'on le sache trop que je suis un noceur, un débauché... Mais pour avoir tué... ça n'est pas vrai...

LE COMMISSAIRE

Comment se fait-il que vous soyez ici en robe de chambre et dans l'état où vous êtes à côté de cette femme assassinée ?...

LA CONCIERGE

Et pourquoi qu'il n'a pas voulu ouvrir quand je suis montée?

UN LOCATAIRE

Et pourquoi qu'il était saoûl quand il est monté ?

LE COMMISSAIRE

Vous étiez ivre ?

CHAMPAGNE

Oui... je suis un noceur... oui. Mais pas...

LA CONCIERGE

Il n'y a que lui qui est monté d'abord.

LE LOCATAIRE

Et puis je les ai entendus souvent se disputer... Il l'a battu plusieurs fois quand il avait bu un coup. Moi je donnerai ma tête à couper que c'est lui...

CHAMPAGNE, *au comble de l'exaspération, saute à la gorge du locataire*

Menteur... crapule... Moi, un père de famille... m'accuser, moi... vous êtes des crapules, entendez-vous, des crapules !

(*Il parle à tout le monde, il injurie tout le monde. Tout le monde parle à la fois.*)

LE COMMISSAIRE

Silence ! Et ce sang sur vos mains...

CHAMPAGNE

Ce sang ! Ce sang !...

(*Sous le coup de cette émotion il est frappé d'apoplexie. Il tombe sur une chaise, il y a un moment de silence pendant lequel on le considère avec stupéfaction. A un moment il veut parler mais il reste la bouche entr'ouverte, les yeux élargis.*)

LE COMMISSAIRE

Allons, avouez ! Allons, ce sera mieux. Tout est contre vous, vous ne pouvez pas nier, voyons.

(*Champagne se relève brusquement, il s'avance vers le com-*

missaire, il fait signe qu'il ne peut pas parler. Le commissaire le regarde sans comprendre. Il va vers les personnes présentes, il essaie de leur faire comprendre, de s'expliquer comment il est là, ce qu'il a fait, de vagues sons sortent de sa bouche. Il sent qu'on ne le comprend pas, se sent perdu, il s'arrache les cheveux et tombe à genoux près du lit devant la morte en sanglotant.)

LE MÉDECIN, *bas au commissaire*

Monsieur, je ne saurais rien affirmer, mais cet homme me semble atteint subitement d'aphasie. Est-ce bien lui le coupable? L'émotion, le chagrin, la surprise ont pu l'anéantir, le terrasser à ce point et lui retirer l'usage de la parole... Voulez-vous me permettre...

(*Le commissaire lui fait signe que oui. M. Champagne, qui est resté accroupi auprès de l'alcôve, se relève un peu. Sur un signe du médecin un agent veut prendre M. Champagne pour l'amener. Mais celui-ci le repousse avec fureur. Le médecin vient à lui, le prend doucement et le fait avancer. Pendant ce temps Justine est entrée et s'est mêlée aux voisines.*)

LE MÉDECIN

Vous ne pouvez parler?...

(*M. Champagne fait signe que non,*)

LE MÉDECIN

Vous étiez l'amant de cette femme?

(*Champagne fait signe que oui.*)

LA CONCIERGE

Mais s'il ne peut pas parler, qu'il écrive.

TOUS

Oui, oui, c'est çà !

LE MÉDECIN

Tenez ! écrivez là ce que vous ne pouvez dire...

(*On donne à M. Champagne du papier et une plume. Celui-ci, hébêté, anéanti, va à la table, prend la plume, hésite, fait des efforts pour écrire. Sa main n'obéit pas, il fait des gestes déses-*

pérés, essaie plusieurs fois et lâche la plume en sanglotant, il prononce des sons gutturaux en indiquant son impuissance.)

LE COMMISSAIRE, *au médecin*

Vous l'examinerez demain avec tranquillité, tout cela est bien louche. Pour le moment, il faut l'emmener, qu'on l'emmène !

(*Sur un signe du commissaire, les agents s'approchent de M. Champagne. Celui-ci les repousse brutalement en criant*)

LE COMMISSAIRE

Ficelez-le !

(*Lutte générale. On finit par le ligotter. On va l'emmener. Justine, qui depuis un moment s'est approchée et a suivi les péripéties de la lutte, s'avance vivement et va au commissaire, affolée et tremblante.*)

JUSTINE

Arrêtez ! c'est moi !

LE COMMISSAIRE

Vous ?

(*M. Champagne, d'un effort, évite les agents qui le tenaient et écoute avidement ce qui suit. A mesure que Justine parle, sa physionomie s'éclaire, il approuve, la remercie et à la fin il tombera sur une chaise en sanglotant de joie d'entendre son innocence affirmée.*)

JUSTINE

Oui, on s'est disputée ! Je lui en voulais, à elle... je l'ai frappée, j'étais folle... Le vieux est arrivé, je l'ai enfermé ici... je me suis sauvée... Mais, je ne peux plus... ça m'étouffe... C'est moi... C'est moi qui l'a tuée !...

(*Le médecin est venu près de M. Champagne, le soutient, le relève, celui-ci va à Justine, retourne au médecin, l'embrasse, va au cammissaire, aux agents, pleure, fait des efforts, et finit par tomber assis sur le canapé en disant* :)

Vous... vous... vous... voyez bien... que je... ne... suis pas méchant... moi !

RIDEAU

Impr. Em. Pivoteau à St-Amand, Cher.

CHEZ LE MÊME ÉDITEUR

La Rançon

Drame en un acte

Cette bonne Sophie!

Drame en un acte

La course aux pantalons

Vaudeville en un acte

L'Hôtel des cocus

Vaudeville en un acte

Une nuit chez les Grafouillot

Vaudeville en un acte

La place est prise

Opérette en un acte

Les contes de Piron

Opérette-bouffe en un acte

Un jour de terme

Vaudeville en un acte

www.ingramcontent.com/pod-product-compliance
Ingram Content Group UK Ltd.
Pitfield, Milton Keynes, MK11 3LW, UK
UKHW021034220726
13924UKWH00001B/313

9 782019 725389